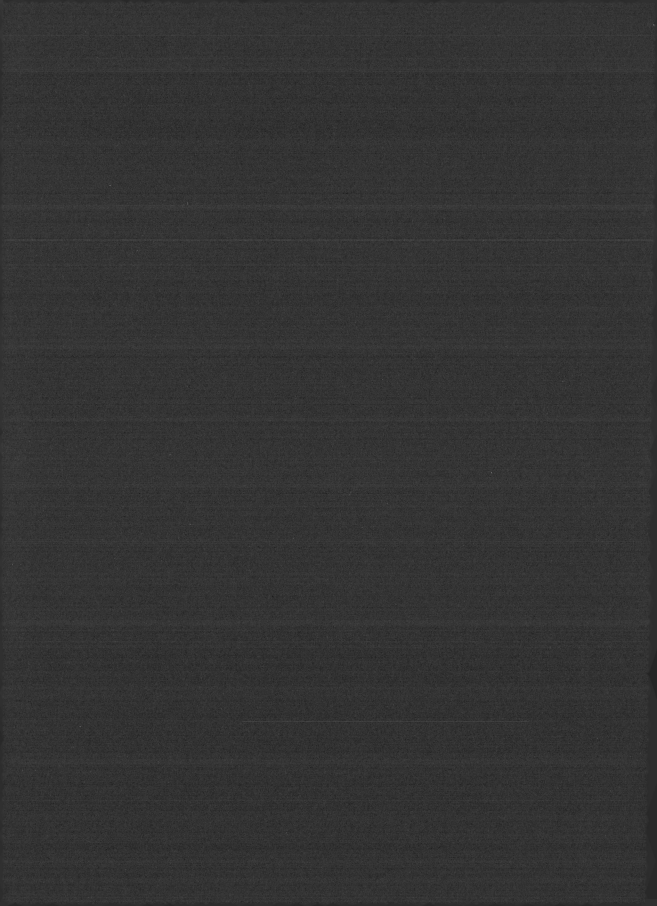

기초 간체자
简体字
500

기초 간체자 500

© 이종순, 2012

1판 1쇄 발행__2012년 02월 25일
1판 2쇄 발행__2014년 07월 20일

지은이__이종순
펴낸이__홍정표

펴낸곳__글로벌콘텐츠
　　　　　등록__제 25100-2008-24호

공급처__(주)글로벌콘텐츠출판그룹
　　　　　이사__양정섭　**디자인**__김미미　**편집**__노경민 김현열 김다솜　**기획·마케팅**__이용기　**경영지원**__안선영
　　　　　주소__서울특별시 강동구 천중로 196 정일빌딩 401호　**전화**__02-488-3280　**팩스**__02-488-3281
　　　　　홈페이지__www.gcbook.co.kr

값 7,000원
ISBN 978-89-93908-36-7 03720

기초

간체자
简体字
500

이종순 지음

글로벌콘텐츠

머리말

중국어 간체자란 중국 정부가 문자개혁 정책을 펼치면서 필획이 복잡한 번체자를 간략화하여 만든 글자로 중국 및 세계 각지에서 쓰는 한자입니다. 중국어의 간체자는 약 2,200자가 넘지만 실제로 많이 쓰이는 간체자는 1,000자 정도입니다.

대학에서 중국어 회화를 가르치면서 학생들이 말은 어느 정도 하는데 한자를 잘못 쓰는 경우가 있으며, 한번 한자를 잘못 쓰면 다시 고치기가 쉽지 않은 것을 발견하고 기초부터 잘 다져야 겠다는 생각으로 이 책을 쓰게 되었습니다.

이 책에서는 이제 막 중국어를 시작하고자 하는 학습자들을 위해 중국에서 자주 쓰는 일상생활 용어를 중심으로 초급 수준에 해당하는 중국어 기본 간체자 500자를 선별하여 수록하였습니다. 중국어 학습자들이 단어를 읽힐 때 빠르고도 쉽게 기억할 수 있도록 관련이 되는 글자 네 개씩 묶어 배열했으며, 글자마다 필획, 필순, 발음, 뜻, 관련 단어와 단어 해석을 실었습니다. 일상생활에서 많이 쓰는 단어들 또한 신 HSK는 1급부터 6급까지인데 이 책에서는 신 HSK 1급에서 4급까지의 시험대비 단어를 위주로 약 1500개를 수록했습니다. 그리고 한자 쓰는 순서, 한자 기본 필순 명칭도 덧붙였습니다.

매일 한 장씩 쓰다 보면 한자도 읽히고 관련 단어도 배울 수 있어 저도 모르는 순간, 한자 실력과 중국어 실력이 향상될 것입니다.

끝으로 이 책을 출판해주신 (주)글로벌콘텐츠출판 사장님께 깊은 감사의 말씀을 드립니다.

2012년 1월 한국관광대학 연구실에서

중국어 표준어(普通话)란?

중국에서는 중국어를 한어(汉语)라고 하는데, 한어는 한민족(汉族)이 사용하는 언어를 뜻하며, 표준어를 푸퉁화(普通话)라고 합니다. 푸퉁화는 북경음을 표준음으로 하고, 북방방언을 기초방언으로 한 언어입니다. '북경어가 표준어이다'라는 말은 잘못된 말입니다.

간체자(简体字)란?

간체자(简体字)는 복잡한 한자를 간략하게 만든 일종의 약자입니다. 우리나라에서 사용하는 한자인 번체자(繁体字)에 비해 쓰기도 간편하고 배우기도 쉽습니다. 현재 대만, 홍콩은 번체자를 사용하고 있습니다.

한어병음(拼音)이란?

한자는 뜻 글자이기에 한자자체로는 소리를 표현할 수 없어 로마자로 중국어발음을 표기합니다. 로마자로 소리를 표현한 것을 병음이라고 합니다. 알파벳기호를 사용하지만 영어발음과는 다르기에 혼돈하여서는 안됩니다.

간체자	번체자	병음
韩国	韓國	hán guó

중국어의 음절구조

중국어는 각 글자마다 고유의 음을 가지고 있는데 이를 음절(音节)이라고 합니다. 중국어의 음절은 성모(声母), 운모(韵母), 성조(声调)로 구성됩니다. 음절 첫 부분의 자음이 성모이며, 나머지 부분이 운모입니다. 한음절의 경우 성모는 없을 수 있으나, 운모는 없어서는 안 됩니다.

성조(声调)란?

중국어 음의 높낮이와 그 변화를 말합니다.

성조유형	표기법	발음방법	예문 및 뜻
제1성	ā	높고 평탄하게 한다.	妈 mā 어머니
제2성	á	낮은 데서 높은 데로 올라간다.	麻 má 삼베
제3성	ǎ	내렸다가 다시 올라간다.	马 mǎ 말
제4성	à	높은 데서 낮은 데로 내려간다.	骂 mà 욕하다
경 성	a	가볍고 짧게 발음한다.	吗 ma 의문조사

한자 쓰는 순서

규 칙	필 순	예 문
먼저 가로 다음 세로	一 十	十
먼저 비침 다음 파임	丿 人	人
위로부터 아래로	一 二	二
왼쪽으로부터 오른쪽	力 加	加
밖에서부터 안으로	门 口	问
밖에서 안으로 다음 막음	同 回 回	回
먼저 중간 다음 양쪽	丿 水	水

한자 기본 필순 명칭

필획	명칭	예문
丶	점(点)	主
一	가로 획(横)	石
丨	세로 획(竖)	中
丿	삐침(撇)	千
丶	파임(捺)	八
丿	치킴(提)	打
乛	평갈고리(横钩)	写
亅	왼갈고리(竖钩)	丁
乀	누운지게다리(斜钩)	成
乛	가로꺾음(横折)	巴
乚	세로꺾음(竖折)	山
乛	꺾기(横折钩)	刀
乚	지게다리(竖折钩)	电

중국어 공부에서 포인트

　　중국어 공부에서 성조가 가장 중요합니다. 성조가 다르면 뜻이 다릅니다. 이를테면 '妈 mā'는 엄마라는 뜻이고, '骂 mà'는 '욕하다'라는 뜻이며, '买 mǎi'는 '사다'의 뜻이고, '卖 mài'는 '팔다'의 뜻입니다. 때문에 중국어 공부에서 포인트는 성조입니다.

　　그리고 중국어를 잘하려면 반드시 듣고, 말하고, 읽고, 쓰기, 번역하기(听、说、读、写、译) 이 다섯 가지를 많이 해야 합니다.

一共　　모두
yí gòng

一起　　함께
yì qǐ

一　1획				

yī
하나

第二　　제2
dì èr

二月　　2월
èr yuè

一 二　2획				

èr
둘

三年　　3년
sān nián

三角　　삼각
sān jiǎo

一 二 三　3획				

sān
셋

四方　　사방
sì fāng

四季　　사계절
sì jì

丨 冂 冂 四 四　5획				

sì
넷

五	一 丁 五 五 4획					
wǔ						
다섯						

五谷　오곡
wǔ gǔ
五月　5월
wǔ yuè

六	` 亠 六 六 4획					
liù						
여섯						

六月　6월
liù yuè
六亲　육친
liù qīn

七	一 七 2획					
qī						
일곱						

七月　7월
qī yuè
七天　7일
qī tiān

八	丿 八 2획					
bā						
여덟						

八级　8급
bā jí
八千　8천
bā qiān

九月　　9월
jiǔ yuè

九代　　아홉조대
jiǔ dài

九	ノ 九　2획
jiǔ	
아홉	

十米　　십미터
shí mǐ

十年　　십년
shí nián

十	一 十　2획
shí	
열	

百货　　백화
bǎi huò

百合　　백합
bǎi hé

百	一 ア ア 百 百 百　6획
bǎi	
백	

百万　　백만
bǎi wàn

万岁　　만세
wàn suì

万	一 丆 万　3획
wàn	
만	

加	ㄱ 力 加 加 加　5획				
jiā					
더하다					

减	丶 丷 冫 厂 厂 厉 厉 减 减 减 减　11획				
jiǎn					
빼다					

乘	一 二 千 千 千 禾 乖 乖 乘 乘　10획				
chéng					
곱하다					

除	了 阝 阝 阝 阸 阸 除 除 除　9획				
chú					
나누다					

上面　　위, 위쪽
shàng mian

上午　　오전
shàng wǔ

上	丨卜上　3획
shàng 위	

下面　밑, 아래, 아래쪽
xià miàn

下午　　오후
xià wǔ

下	一 丁 下　3획
xià 아래	

左边　　왼쪽, 왼편
zuǒ biān

左耳　　왼쪽 귀
zuǒ ěr

左	一 ナ ナ 左 左　5획
zuǒ 왼쪽	

右边　　오른쪽
yòu biān

右脚　　오른발
yòu jiǎo

右	一 ナ ナ 右 右　5획
yòu 오른쪽	

大	一 ナ 大　3획
dà 크다	

大人　어른
dà ren

大学　대학
dà xué

小	亅 小 小　3획
xiǎo 작다	

小学　초등학교
xiǎo xué

小心　조심하다
xiǎo xīn

多	ノ ク タ タ 多 多　6획
duō 많다	

多数　다수
duō shù

许多　많은, 허다한
xǔ duō

少	丨 小 小 少　4획
shǎo 적다	

少数　소수
shǎo shù

缺少　부족하다
quē shǎo

远方　　　먼 곳
yuǎn fāng

永远　　　항상, 언제나
yǒng yuǎn

一 二 亍 元 元 沅 远　7획

远
yuǎn
멀다

近来　　　근래, 요즘
jìn lái

近视　　　근시
jìn shi

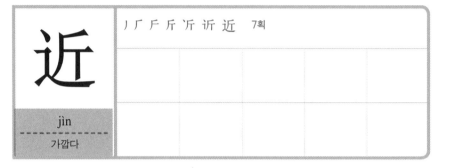

丿 厂 斤 斤 斤 䶮 近 近　7획

近
jìn
가깝다

长途　　　장거리, 먼길
cháng tú

长处　　　장점
cháng chu

丿 上 长 长　4획

长
cháng
길다

短期　　　단기
duǎn qī

短处　　　단점
duǎn chu

丿 上 生 矢 矢 矩 短 矩 矩 短 短 短　12획

短
duǎn
짧다

天	一 二 チ 天　4획				
tiān					
하늘					

天气　일기, 날씨
tiān qì

天空　하늘
tiān kōng

高	ˋ 亠 亠 宁 宁 宁 高 高 高 高　10획				
gāo					
높다					

高山　높은 산
gāo shān

高度　고도, 높이
gāo dù

地	一 十 土 圵 地 地　6획				
dì					
땅					

地方　장소, 곳
dì fang

大地　대지
dà dì

厚	一 厂 厂 厂 厚 厚 厚 厚 厚　9획				
hòu					
두껍다					

厚爱　두터운 사랑
hòu ài

厚脸　철면피
hòu liǎn

水灾 　　수재
shuǐ zāi

海水 　　바닷물
hǎi shuǐ

水 shuǐ 물

丿 刀 水 水　4획

火力 　　화력
huǒ lì

火苗 　　불꽃, 화염
huǒ miáo

火 huǒ 불

丶 丷 少 火　4획

土地 　　토지
tǔ dì

泥土 　　흙, 토양
ní tǔ

土 tǔ 흙

一 十 土　3획

木头 　　나무
mù tou

木匠 　　목수
mù jiang

木 mù 나무

一 十 才 木　4획

阳	阝阝阳阳阳阳　6획				
yáng					
태양					

阳光　　　햇빛
yáng guāng

阳历　　　양력
yáng lì

月	丿刀月月　4획				
yuè					
달					

月亮　　　달
yuè liang

满月　　　보름달
mǎn yuè

星	丨冂日日旦早早昌星　9획				
xīng					
별					

星星　　　별
xīng xing

星期　　　주
xīng qī

光	丷丷兴兴光　6획				
guāng					
빛					

光明　　　광명
guāng míng

光荣　　　영광스럽다
guāng róng

晨报	조간신문
chén bào	
早晨	아침
zǎo chén	

晨
丨口曰日曰尸尸尽尽晨晨 11획

chén
새벽, 아침

午餐	점심밥
wǔ cān	
中午	정오
zhōng wǔ	

午
ノ 𠂉 午 4획

wǔ
정오

晚会	이브닝파티
wǎn huì	
傍晚	저녁 무렵
bàng wǎn	

晚
丨冂日日日日日日日日日晚 11획

wǎn
저녁

夜班	야근
yè bān	
夜晚	밤, 야간
yè wǎn	

夜
丶亠广产疒夜夜夜 8획

yè
밤

风	ノ 几 凤 风　4획			
fēng				
바람				

风力　풍력
fēng lì

风景　풍경
fēng jǐng

雨	一 厂 厂 币 币 雨 雨 雨　8획			
yǔ				
비				

雨水　빗물
yǔ shuǐ

暴雨　폭우
bào yǔ

雷	一 厂 戶 币 示 示 雨 雨 霄 霄 雷 雷　13획			
léi				
천둥				

雷达　레이더
léi dá

雷声　우뢰소리
léi shēng

电	丨 冂 冃 日 电　5획			
diàn				
전기				

电话　전화
diàn huà

电视　텔레비전
diàn shì

冰雪   얼음과 눈
bīng xuě

冰鞋   스케이트
bīng xié

霜冻   서리피해
shuāng dòng

冰霜   얼음과 서리
bīng shuāng

雪花   눈송이
xuě huā

雪地   눈이 덮힌 곳
xuě dì

雾气   안개
wù qì

烟雾   연기와 안개
yān wù

冰   bīng   얼음

丶冫汀汸冰冰   6획

霜   shuāng   서리

一ㄥㅠ币币币币币雪雪雪霜霜霜霜霜   17획

雪   xuě   눈

一ㄥㅠ币币币币币雫雪雪   11획

雾   wù   구름

一ㄥㅠ币币币币币雫雯雯雯雾   13획

江 jiāng 강	`丶丶氵氵汀江 6획	江河 하천 jiāng hé 长江 장강 cháng jiāng

河 hé 하천	`丶氵氵汀汀河河 8획	河水 강물 hé shuǐ 河岸 강변, 강기슭 hé 'àn

湖 hú 호수	`丶氵氵汁汁沽沽浒浒湖湖湖 12획	湖面 호수의 수면 hú miàn 湖水 호숫물 hú shuǐ

海 hǎi 바다	`丶氵氵汇汇海海海海 10획	海军 해군 hǎi jūn 海关 세관 hǎi guān

泉头 샘의 근원, 원천
quán tóu

泉水 샘물
quán shuǐ

流动 유동하다
liú dòng

流浪 유랑하다
liú làng

池子 못
chí zi

花池 화단
huā chí

池塘 못
chí táng

鱼塘 양어장
yú táng

泉	´ ´ ´ ´ ´ ´ ´ ´ ´ 泉 泉 9획			
quán 샘물				

流	` ` ` ` ` ` ` ` ` 流 10획			
liú 흐르다				

池	` ` ` ` ` 池 6획			
chí 못, 늪				

塘	´ ´ ´ ´ ´ ´ ´ ´ ´ ´ 塘 塘 塘 13획			
táng 둑, 제방				

春

一 二 三 声 夫 表 春 春 春 9획

chūn

봄

春天　　봄
chūn tiān

春风　　봄바람
chūn fēng

夏

一 一 厂 厃 百 百 頁 頁 夏 夏 10획

xià

여름

夏天　　여름
xià tiān

夏装　　여름옷
xià zhuāng

秋

一 二 千 禾 禾 禾 秒 秋 9획

qiū

가을

秋天　　가을
qiū tiān

秋风　　가을바람
qiū fēng

冬

丿 夂 夂 冬 冬 5획

dōng

겨울

冬天　　겨울
dōng tiān

冬眠　　겨울잠
dōng mián

东面　　　동쪽
dōng miàn

东方　　　동방
dōng fāng

东	一 ナ 左 夯 东　5획
dōng	
동쪽	

西面　　　서쪽
xī miàn

西方　　　서방
xī fāng

西	一 丆 冂 两 西 西　6획
xī	
서쪽	

南面　　　남쪽
nán miàn

南方　　　남방
nán fāng

南	一 十 广 内 内 内 内 南 南　9획
nán	
남쪽	

北面　　　북쪽
běi miàn

北方　　　북방
běi fāng

北	丨 丬 扌 北　5획
běi	
북쪽	

树

一 十 才 才 朳 杧 杧 树 树　9획

shù

나무

树苗　묘목
shù miáo

树皮　나무껍질
shù pí

林

一 十 才 才 木 朴 材 林　8획

lín

숲

林区　산림구역
lín qū

林场　삼림 농장
lín chǎng

山

丨 屮 山　3획

shān

산

山河　산과 강
shān hé

山脉　산맥
shān mài

石

一 ㄱ 石 石 石　5획

shí

돌

石头　돌
shí tou

石块　돌덩이
shí kuài

根本　　근본
gēn běn

根据　～에 근거하여
gēn jù

根	一 十 十 木 杧 杧 杧 柙 根 根 根　10획				
gēn					
뿌리					

茎秆　　줄기
jīng gǎn

刀茎　　칼자루
dāo jīng

茎	一 十 艹 艹 艾 艾 茎 茎　8획				
jīng					
(식물의)줄기					

叶子　(식물의) 잎
yè zi

花叶　　꽃잎
huā yè

叶	丨 冂 冂 叶 叶　5획				
yè					
(초목의)잎					

草地　　잔디(밭)
cǎo dì

草稿　원고, 초고
cǎo gǎo

草	一 十 艹 艹 艹 芦 莒 草 草　9획				
cǎo					
풀					

兰	丷 兰 兰 兰　5획				
lán					
난초					

兰花　난초
lán huā

兰玉　훌륭한 자제
lán yù

菊	一 艹 艹 艹 苟 苟 苟 匊 菊 菊 菊　11획				
jú					
국화					

菊花　국화
jú huā

野菊　들국화
yě jú

竹	ノ ᆺ ヶ 个 竹 竹　6획				
zhú					
대나무					

竹子　대(나무)
zhú zi

青竹　푸른 대나무
qīng zhú

梅	一 十 扌 木 杧 杧 栌 栒 栒 梅 梅　11획				
méi					
매화					

梅花　매화
méi huā

梅雨　장마(비)
méi yǔ

松树　　소나무	
sōng shù	
松子　　잣	
sōng zǐ	

松	一 十 才 木 杉 松 松 松　8획
sōng	
소나무	

柏油　　콜타르	
bǎi yóu	
柏树　　측백나무	
bǎi shù	

柏	一 十 才 木 柏 柏 柏 柏 柏　9획
bǎi	
측백나무	

杨柳　　백양나무와 버드나무	
yáng liǔ	
杨梅　　양매	
yáng méi	

杨	一 十 才 木 杨 杨 杨　7획
yáng	
백양나무	

枫叶　　단풍잎	
fēng yè	
枫树　　단풍나무	
fēng shù	

枫	一 十 才 木 材 机 枫 枫　8획
fēng	
단풍나무	

瓜	一 厂 爪 瓜 瓜　5획
guā 박과 식물(의 과실)	

瓜子　해바라기씨
guā zǐ
西瓜　수박
xī guā

果	丨 冂 曱 目 旦 甲 果 果　8획
guǒ 과실, 열매	

果子　과일
guǒ zi
果汁　과일 주스
guǒ zhī

梨	一 二 千 禾 禾 利 利 利 梨 梨 梨　11획
lí 배	

梨子　배
lí zi
梨树　배나무
lí shù

桃	一 十 才 木 杓 杓 杙 杙 桃 桃　10획
táo 복숭아	

桃树　복숭아나무
táo shù
桃花　복숭아꽃
táo huā

苹果　　사과
píng guǒ

苹果脯　　말린 사과
píng guǒ pú

苹	一 ナ 艹 艹 芇 芇 苹 苹　8획
píng 사과	

橘子　　귤
jú zi

橘皮　　귤껍질
jú pí

橘	一 十 才 木 术 术 朽 朽 杼 杼 橘 橘 橘 橘 橘 橘　16획
jú 귤	

枣子　　대추
zǎo zi

红枣　　말린 붉은 대추
hóng zǎo

枣	一 ㅜ 开 市 束 束 束 枣　8획
zǎo 대추	

栗树　　밤나무
lì shù

栗子　　밤
lì zi

栗	一 ㅜ 冖 丙 両 両 枈 枈 栗 栗　10획
lì 밤	

鼠	⺈ ⺊ ⺊ 印 臼 臼 臼 臼 鼠 鼠 鼠 鼠 **13획**
shǔ 쥐	

鼠标　　마우스
shǔ biāo

老鼠　　쥐
lǎo shǔ

牛	⺧ ⺧ ⺀ 牛 **4획**
niú 소	

牛奶　　우유
niú nǎi

黄牛　　황소
huáng niú

虎	⺊ ⺊ ⺊ 广 卢 虎 虎 虎 **8획**
hǔ 호랑이	

虎皮　　호랑이 가죽
hǔ pí

老虎　　호랑이
lǎo hǔ

兔	⺈ ⺈ ⺈ 免 免 免 兔 兔 **8획**
tù 토끼	

兔子　　토끼
tù zi

白兔　　흰토끼
bái tù

단어

龙王　　　용왕
lóng wáng

水龙头　　수도꼭지
shuǐ lóng tóu

蛇头　　　인신매매
shé tóu

毒蛇　　　독사
dú shé

马上　　　빨리
mǎ shàng

白马　　　흰말
bái mǎ

羊毛　　　양털
yáng máo

羊皮　　　양가죽
yáng pí

龙	一 ナ 九 龙 龙　5획
lóng 용	

蛇	丨 冂 口 中 虫 虫 虫 虫` 虫亡 蚰 蛇 蛇　11획
shé 뱀	

马	ㄱ 马 马　3획
mǎ 말	

羊	丶 丷 兰 兰 兰 羊　6획
yáng 양	

猫	⺌ ⺌ 犭 犭 犭 犭 猫 猫 猫 猫 猫　11획
māo 고양이	

猫头鹰　부엉이
māo tóu yīng

猫步　고양이 걸음
māo bù

鸡	⺇ ⺇ 又 ⺇ ⺇ 鸡 鸡　7획
jī 닭	

鸡肉　닭고기
jī ròu

鸡蛋　계란
jī dàn

狗	⺌ 犭 犭 犭 犭 狗 狗 狗　8획
gǒu 개	

疯狗　미친 개
fēng gǒu

黄狗　누렁이
huáng gǒu

猪	⺌ ⺌ 犭 犭 犭 犭 犭 犭 猪 猪 猪　11획
zhū 돼지	

猪油　돼지기름
zhū yóu

猪肉　돼지고기
zhū ròu

蚊香 　모기향
wén xiāng

蚊帐 　모기장
wén zhàng

蚊	丨 冂 口 虫 虫 虫 虫` 虸 蚉 蚊　10획
wén	
모기	

虫牙 　충치
chóng yá

害虫 　해충
hài chóng

虫	丨 冂 口 中 虫 虫　6획
chóng	
벌레	

鸟类 　새 종류
niǎo lèi

鸟窝 　새둥지
niǎo wō

鸟	′ 勹 勺 鸟 鸟　5획
niǎo	
새	

虾壳 　새우껍질
xiā ké

大虾 　대하
dà xiā

虾	丨 冂 口 中 虫 虫 虫` 虾 虾　9획
xiā	
새우	

燕

一 十 艹 艹 艹 节 节 节 芷 茈 燕 燕 燕 燕 燕 燕　16획

yàn

제비

燕子　　제비
yàn zi

燕窝　　제비집
yàn wō

雀

丨 ⺍ ⺌ 少 少 尐 ⺈ 尗 雀 雀 雀　11획

què

참새

雀斑　　주근깨
què bān

麻雀　　참새
má què

象

⺈ ⺈ ⺈ 色 色 争 争 象 象 象 象　11획

xiàng

코끼리

象牙　　코끼리 이빨
xiàng yá

大象　　코끼리
dà xiàng

熊

⺈ ⺈ ⺉ 自 自 自 肯 能 能 能 能 能 熊　14획

xióng

곰

熊猫　　팬더
xióng māo

熊掌　　곰 발바닥
xióng zhǎng

蜂蜜	벌꿀
fēng mì	
蜜蜂	꿀벌
mì fēng	

蜂

| ㇒ ㇆ ㄇ 中 虫 虫 虫 虫 蚁 蜂 蜂 蜂 蜂 蜂 | 13획 |

fēng
벌

蝶粉	나비의 인분
dié fěn	
蝴蝶	나비
hú dié	

蝶

| ㇒ ㇆ ㄇ 中 虫 虫 虫 虫 虫 蛒 蝶 蝶 蝶 蝶 蝶 | 15획 |

dié
나비

龟壳	거북의 껍데기
guī ké	
乌龟	거북
wū guī	

龟

| ㇒ ㇆ ㄅ 午 勾 勾 龟 | 7획 |

guī
거북

蟹壳	게의 등딱지
xiè ké	
河蟹	민물게
hé xiè	

蟹

| ㇒ ㇆ ㄮ 角 角 角 角 角 解 解 解 解 解 解 解 蟹 蟹 蟹 | 19획 |

xiè
게

男

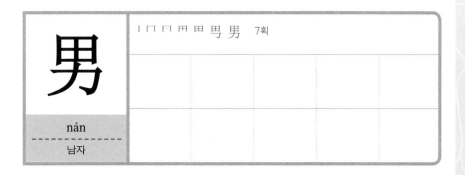丨 冂 日 日 田 里 男　7획

nán
남자

男人　남자
nán rén

男性　남성
nán xìng

女

く 女 女　3획

nǚ
여자

女人　여인
nǚ rén

女性　여성
nǚ xìng

老

一 土 耂 老 老　6획

lǎo
노인

老人　노인
lǎo rén

老板　사장
lǎo bǎn

幼

ㄥ ㄠ ㄠ 幻 幼　5획

yòu
어린아이

幼小　어리다
yòu xiǎo

幼儿　유아
yòu ér

你们 　　당신들
nǐ men

你好 　　안녕
nǐ hǎo

你

ノ 亻 亻 伫 竹 你 你　7획

nǐ

당신

我们 　　우리
wǒ men

我俩 　　우리 둘
wǒ liǎ

我

一 二 于 手 我 我 我　7획

wǒ

나

他们 　　그들
tā men

他人 　　타인
tā rén

他

ノ 亻 亻 仲 他　5획

tā

그

她们 　　그녀들
tā men

她俩 　　그 둘
tā liǎ

她

ㄥ 女 女 如 奵 她　6획

tā

그녀

爷	′ ′ ハ ゲ 父 爷 爷　6획			
yé				
할아버지				

爷爷　할아버지
yé ye

老爷　어르신
lǎo ye

奶	く 女 女 奶 奶　5획			
nǎi				
할머니				

奶奶　할머니
nǎi nai

奶妈　유모
nǎi mā

爸	′ ′ ハ ゲ 父 谷 谷 爸　8획			
bà				
아버지				

爸爸　아버지
bà ba

阿爸　아빠, 아버지
ā bà

妈	く 女 女 妈 妈 妈　6획			
mā				
어머니				

妈妈　어머니
mā ma

姑妈　고모
gū mā

叔叔	삼촌
shū shu	
叔伯	사촌 간
shū bai	

叔
shū
삼촌

｜ ｜ 丄 才 才 未 叔 叔　8획

舅舅	외삼촌
jiù jiu	
舅妈	외숙모
jiù mā	

舅
jiù
외삼촌

｀ ｒ ｒ ｒ ｒ ｦ ｦ ｦ 曽 曽 冒 舅 舅　13획

姨妈	이모
yí mā	
姨夫	이모부
yí fu	

姨
yí
이모

｀ ｙ 女 女 女 女 好 姨 姨　9획

姑姑	고모
gū gu	
姑夫	고모부
gū fu	

姑
gū
고모

｀ ｙ 女 女 女 姓 姑 姑　8획

哥

一 一 一 一 一 哥 哥 哥 哥 哥 哥 10획

gē

오빠, 형

哥哥　　오빠
gē ge

哥俩儿　형제 또는 친구
gē liǎr

弟

丶 丷 凸 凸 弟 弟 弟 7획

dì

남동생

弟弟　　남동생
dì di

兄弟　　형제
xiōng dì

姐

乚 乂 女 女 如 姐 姐 姐 8획

jiě

언니, 누나

姐姐　　언니, 누나
jiě jie

姐夫　자형, 형부
jiě fu

妹

乚 乂 女 女 奸 妹 妹 妹 8획

mèi

여동생

妹妹　　여동생
mèi mei

妹夫　　매부
mèi fu

人们　사람들
rén men

人体　인체
rén tǐ

人	ノ人　2획				
rén					
사람					

体重　체중
tǐ zhòng

体积　체적
tǐ jī

体	ノイ仁什休休体　7획				
tǐ					
몸					

毛发　모발
máo fà

毛衣　스웨터
máo yī

毛	一二三毛　4획				
máo					
털					

发型　헤어스타일
fà xíng

理发　이발
lǐ fà

发	一ナ方发发　5획				
fà					
머리 발					

眼
yǎn
눈

丨 丨丨 丬 丬 叮 叮 盯 盯 眼 眼 眼　11획

眼睛　눈
yǎn jing

眼泪　눈물
yǎn lèi

耳
ěr
귀

一 丁 丌 丌 丏 耳 耳　6획

耳朵　귀
ěr duo

耳科　이과
ěr kē

鼻
bí
코

丿 丆 冂 冋 臼 臼 臯 臯 鼻 鼻 鼻 鼻 鼻 鼻　14획

鼻子　코
bí zi

鼻涕　콧물
bí tì

舌
shé
혀

一 二 千 千 舌 舌　6획

舌头　혀
shé tou

舌战　설전
shé zhàn

头发	머리카락
tóu fa	
头顶	머리꼭대기
tóu dǐng	

头

tóu
머리

丶丷二头头　5획

足球	축구
zú qiú	
满足	만족
mǎn zú	

足

zú
발

丨冂口口甲甲足足　7획

口气	말투
kǒu qì	
人口	인구
rén kǒu	

口

kǒu
입

丨冂口　3획

牙齿	치아
yá chǐ	
牙刷	칫솔
yá shuā	

牙

yá
이

一二牙牙　4획

手	一 二 三 手　4획			
shǒu				
손				

手术 수술
shǒu shù

手心 손바닥
shǒu xīn

脚	丿 丿 丿 刀 肀 肀 肀 肸 脐 脐] 脚　11획			
jiǎo				
발				

脚步 발걸음
jiǎo bù

山脚 산기슭
shān jiǎo

指	一 十 扌 扌 护 指 指 指 指　9획			
zhǐ				
손가락				

指示 지시
zhǐ shì

手指 손톱
shǒu zhǐ

掌	丶 丷 丷 丷 肖 肖 肖 堂 堂 堂 掌　12획			
zhǎng				
손바닥				

掌声 박수소리
zhǎng shēng

掌握 파악하다
zhǎng wò

胃口　　입맛
wèi kǒu

胃病　　위병
wèi bìng

胃
wèi

위

丨 口 曰 甲 甲 罒 胃 胃 胃　9획

脑袋　　머리
nǎo dai

电脑　　컴퓨터
diàn nǎo

脑
nǎo

뇌

丿 刀 月 月 月' 厂 疒 胫 脑 脑　10획

肝炎　　간염
gān yán

肝癌　　간암
gān ái

肝
gān

간

丿 刀 月 月 厅 肝 肝　7획

肺腑　　폐장
fèi fǔ

肺炎　　폐염
fèi yán

肺
fèi

폐

丿 刀 月 月 厂 肼 肺 肺　8획

站

`丶 亠 广 立 立¹ 立ト 立ㅏ 站 站`　10획

zhàn

서다

站台　　플랫폼
zhàn tái
站岗　　보초서다
zhàn gǎng

立

`丶 亠 广 立 立`　5획

lì

서다

立刻　　즉시
lì kè
成立　　성립하다
chéng lì

坐

`丿 人 人丿 人人 人人 坐 坐`　7획

zuò

앉다

坐下　　앉다
zuò xià
坐位　　좌석
zuò wèi

爬

`丿 厂 爪 爪¹ 爬 爬 爬 爬`　8획

pá

기다

爬山　　등산
pá shān
爬行　　기어가다
pá xíng

听取　청취하다
tīng qǔ

听说　듣자하니
tīng shuō

听
丨 冂 冂 听 听 听 听　7획

tīng
듣다

说话　말하다
shuō huà

说明　설명
shuō míng

说
丶 讠 讠 讠 讱 讱 讱 说 说　9획

shuō
말하다

读书　책을 읽다
dú shū

读音　발음
dú yīn

读
丶 讠 讠 讠 讱 读 读 读 读 读　10획

dú
읽다

写作　글을 짓다
xiě zuò

写生　사생하다
xiě shēng

写
丶 冖 冖 写 写 写　5획

xiě
쓰다

走
zǒu
걷다

一 十 土 キ キ 走 走　7획

走访　탐방하다
zǒu fǎng

走运　운수가 좋다
zǒu yùn

跑
pǎo
달리다

丨 冂 冂 呂 呂 昆 跑 跑 跑 跑 跑 跑　12획

跑道　활주로
pǎo dào

跑步　구보를 하다
pǎo bù

跳
tiào
뛰다

丨 冂 冂 呂 呂 昆 跳 跳 跳 跳 跳 跳 跳　13획

跳高　높이뛰기
tiào gāo

跳远　멀리뛰기
tiào yuǎn

滑
huá
미끄럽다

丶 丶 丷 汀 汀 沪 沪 沪 沪 滑 滑 滑　12획

滑雪　스키를 타다
huá xuě

滑倒　미끄러져 넘어지다
huá dǎo

接受	받아들이다
jiē shòu	
接班	교대하다
jiē bān	

接

一 十 扌 扩 扩 扩 护 护 按 接 接　11획

jiē
맞이하다

送行	배웅하다
sòng xíng	
送礼	선물을 보내다
sòng lǐ	

送

丶 丷 艹 兰 关 关 ̀关 送 送　9획

sòng
배웅하다

推动	밀고 나가다
tuī dòng	
推荐	추천하다
tuī jiàn	

推

一 十 扌 扩 扌 扩 扩 扩 拃 推 推　11획

tuī
밀다

拉肚子	설사
lā dù zǐ	
拉车	수레를 끌다
lā chē	

拉

一 十 扌 扩 扩 扩 拉 拉　8획

lā
당기다

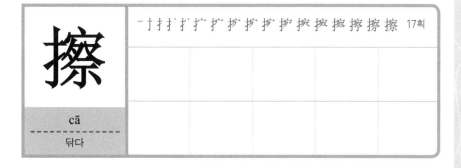

擦

一 十 扌 扩 扩 扩 护 护 护 护 护 护 捽 捽 擦 擦 擦　17획

cā
닦다

擦布　행주, 걸레
cā bù

摩擦　마찰
mó cā

洗

丶 丶 氵 沪 汇 冸 泮 洗 洗　9획

xǐ
씻다

洗脸　얼굴을 씻다
xǐ liǎn

洗衣机　세탁기
xǐ yī jī

扫

一 十 扌 扫 扫 扫　6획

sǎo
쓸다, 소제하다

扫地　바닥을 쓸다
sǎo dì

扫描　스캐닝
sǎo miáo

刷

乛 コ 尸 尸 月 吊 刷 刷　8획

shuā
솔, 브러시

刷子　솔
shuā zi

牙刷　칫솔
yá shuā

吃力 　힘들다
chī lì

吃苦　고생을 견디어내다
chī kǔ

吃	丨 口 口 吖 吃 吃　6획		
chī			
먹다			

喝酒　술을 마시다
hē jiǔ

喝水　물을 마시다
hē shuǐ

喝	丨 口 口 口 吖 吗 吗 吗 喝 喝 喝 喝　12획		
hē			
마시다			

睡觉　자다
shuì jiào

睡衣　잠옷
shuì yī

睡	丨 门 闩 目 目 目 盯 盯 盯 盯 睡 睡 睡　13획		
shuì			
자다			

玩笑　농담
wán xiào

玩具　완구
wán jù

玩	一 二 干 王 玎 玗 珂 玩　8획		
wán			
놀다			

烟	`丶丷丬火炍炏炯炯烟烟 10획
yān	
담배	

烟酒　담배와 술
yān jiǔ

烟雨　안개비
yān yǔ

酒	`丶氵汀汀沂洒酒酒酒 10획
jiǔ	
술	

酒吧　바(bar), 술집
jiǔ bā

啤酒　맥주
pí jiǔ

糖	`丶丷丬半米米粉粉粉粉粉糖糖糖糖 16획
táng	
사탕	

糖水　설탕물
táng shuǐ

白糖　백설탕
bái táng

茶	一十廾艹芩芩芩茶茶 9획
chá	
차	

茶叶　찻잎
chá yè

红茶　홍차
hóng chá

鱼肉　물고기의 살
yú ròu

金鱼　금붕어
jīn yú

鱼	ノ ク ゲ 夕 冬 角 角 鱼　8획
yú 물고기	

肉包子　고기만두
ròu bāo zi

肌肉　근육
jī ròu

肉	l 冂 冂 内 内 肉　6획
ròu 고기	

蛋黄　계란 노른자
dàn huáng

笨蛋　바보, 멍청이
bèn dàn

蛋	一 下 下 严 严 疋 吾 呇 蛋 蛋 蛋　11획
dàn (동물의) 알	

汤饭　국밥
tāng fàn

鸡汤　닭고기 국
jī tāng

汤	` ` 氵 沪 沕 汤　6획
tāng 탕, 국	

米
` ` ` 丷 丷 半 米 米 6획
mǐ
쌀

面
一 丆 厂 百 面 而 面 面 面 9획
miàn
밀가루

饭
丿 ㇇ ㇆ 饣 饣 饭 饭 7획
fàn
밥

菜
一 艹 艹 芋 芊 芊 苹 苹 菜 菜 菜 11획
cài
채소

米粉	쌀가루
mǐ fěn	
米饭	쌀밥
mǐ fàn	

面条儿	국수
miàn tiáor	
面对	마주보다
miàn duì	

饭盒	도시락
fàn hé	
饭馆	음식점
fàn guǎn	

菜单	식단, 메뉴
cài dān	
菜市	채소시장
cài shì	

锅巴   누룽지

guō bā

锅炉   보일러

guō lú

锅	ノ ト ᠘ ᠘ 钅 钅 钌 钌 钌 铒 锅 锅 12획		
guō			
냄비, 솥			

碗柜   찬장

wǎn guì

饭碗   밥그릇

fàn wǎn

碗	一 T 丆 石 石 矿 矿 矿 矿 碎 碗 碗 碗 13획		
wǎn			
사발, 그릇			

水瓢   물바가지

shuǐ piáo

瓜瓢   바가지

guā piáo

瓢	一 ᠆ 厂 币 两 两 西 西 覀 覀 票 票 票' 瓢 瓢 瓢 16획		
piáo			
바가지			

盆地   분지

pén dì

脸盆   세수대야

liǎn pén

盆	ノ 八 分 分 分 盆 盆 盆 盆 9획		
pén			
대야			

刀

丁 刀　2획

dāo

칼

叉

フ 又 叉　3획

chā

포크

盘

′ 丿 冂 内 舟 舟 舟 舟 盘 盘 盘　11획

pán

큰접시

筷

′ 𠂉 𠂉 竺 竺 竺 竺 竺 筥 筥 筥 筷 筷　13획

kuài

젓가락

杯子　컵
bēi zi

干杯　건배
gān bēi

杯	一 十 才 木 杠 杯 杯 杯　8획
bēi	
컵	

水壶　주전자
shuǐ hú

茶壶　차 주전자
chá hú

壶	一 十 十 古 声 声 卉 赤 壺 壺　10획
hú	
주전자	

水桶　물통
shuǐ tǒng

木桶　나무통
mù tǒng

桶	一 十 才 木 杠 杠 杠 杯 桶 桶 桶　11획
tǒng	
통	

碟子　접시
dié zi

菜碟　요리 접시
cài dié

碟	一 丆 石 石 石 矿 矿 碟 碟 碟 碟 碟 碟　14획
dié	
접시	

油

`丶 丶 氵 氵 沪 沪 油 油` 8획

yóu

기름

盐

`一 十 土 土 圤 圤 朴 盐 盐 盐` 10획

yán

소금

酱

`丶 丶 丬 丬 汫 泮 将 将 将 将 酱 酱 酱` 13획

jiàng

된장

醋

`一 厂 厂 兀 西 西 酉 酉 酉 酐 酐 醋 醋 醋 醋` 15획

cù

(식)초

葱花 　잘게 썬 파
cōng huā

大葱 　대파
dà cōng

葱	一 十 艹 芆 芍 苭 苭 苭 茐 茐 葱 葱 葱　12획
cōng	
파	

姜汤 　생강탕
jiāng tāng

生姜 　생강
shēng jiāng

姜	丶 丷 丷 羊 羊 美 姜 姜 姜　9획
jiāng	
생강	

蒜皮 　마늘껍질
suàn pí

大蒜 　마늘
dà suàn

蒜	一 十 艹 芽 芽 芽 芽 蒜 蒜 蒜 蒜 蒜 蒜　13획
suàn	
마늘	

辣椒 　고추
là jiāo

花椒 　산초나무 열매
huā jiāo

椒	一 十 才 木 朾 朾 朾 杴 杸 椒 椒 椒　12획
jiāo	
고추	

琴	ー ニ チ 王 玉 王 玗 玭 珡 珡 琹 琴　12획
qín 금, 거문고	

棋	一 十 才 木 术 杧 林 柑 柑 棋 棋 棋　12획
qí 장기, 바둑	

棋子　바둑돌
qí zǐ
围棋　바둑
wéi qí

书	フ ゴ 书 书　4획
shū 책	

书包　책가방
shū bāo
书店　서점
shū diàn

画	一 T 万 万 两 雨 画 画　8획
huà 그림	

画家　화가
huà jiā
画报　화보
huà bào

字典　　자전
zì diǎn

字母　　자모
zì mǔ

词典　　사전
cí diǎn

单词　　단어
dān cí

句号　　마침표
jù hào

句子　　문장
jù zi

章程　　장정
zhāng chéng

文章　　글
wén zhāng

字

`丶丶宀宀字字` 6획

zì

글자

词

`丶讠讠讠讠词词词` 7획

cí

말, 말의 구조

句

`丿勹勹句句` 5획

jù

문장

章

`丶亠亡立产音音音章章章` 11획

zhāng

(문장따위의)단락

科
一 二 千 禾 禾 利 利 科 科　9획

kē

과

史
丨 口 口 史 史　5획

shǐ

사, 역사

数
丶 丷 丷 뽀 쓰 씃 娄 娄 娄 數 數 数 数　13획

shù

수학

物
丿 ㇒ 牛 牜 牤 物 物 物　8획

wù

물건

科学　과학
kē xué

科技　과학기술
kē jì

史册　역사책
shǐ cè

历史　역사
lì shǐ

数学　수학
shù xué

数据　데이터
shù jù

物理　물리
wù lǐ

物价　물가
wù jià

吹牛　허풍치다
chuī niú

吹风　바람이 불다
chuī fēng

吹	ㅣ ㅁ ㅁ ㅁ′ ㅁㅅ ㅁㅅ ㅁㅅ　7획			
chuī				
불다				

舞蹈　춤, 무용
wǔ dǎo

跳舞　춤을 추다
tiào wǔ

舞	′ ′ ′ ′ ′ ′ ′ ′ ′ ′ ′ ′ ′ 舞　14획			
wǔ				
춤,무용				

弹奏　연주하다
tán zòu

弹琴　거문고를 타다
tán qín

弹	ヿ ㄱ 弓 弓′ 弓″ 弓ㅅ 弹 弹 弹 弹 弹　11획			
tán				
(악기를)타다				

唱歌　노래하다
chàng gē

唱戏　공연하다
chàng xì

唱	ㅣ ㅁ ㅁ ㅁ′ ㅁㅂ ㅁㅂ ㅁㅂ 唱 唱 唱 唱　11획			
chàng				
노래하다				

笔

丿 𠂉 𠂎 𥫗 𥫗 竺 竺 竺 笔　10획

bǐ

붓

墨

丨 冂 冃 甲 甲 里 黑 黑 黑 黑 墨 墨 墨　15획

mò

먹

纸

丿 幺 幺 纟 纟 纸 纸　7획

zhǐ

종이

砚

一 厂 丆 石 石 码 砚 砚 砚　9획

yàn

벼루

床单   침대의 시트
chuáng dān

床戏   베드신
chuáng xì

床	丶 亠 广 广 庍 床 床 7획		
chuáng 침대			

枕头   베개
zhěn tou

枕巾   배갯잇
zhěn jīn

枕	一 十 才 木 札 札 枕 枕 8획		
zhěn 베개			

被子   이불
bèi zi

被告   피고
bèi gào

被	丶 ﾅ 衤 衤 衤 衤 衬 衬 被 被 10획		
bèi 이불			

窗帘   창의 커튼
chuāng lián

布帘   천으로 만든 커튼
bù lián

帘	丶 丷 宀 宀 宊 宊 宆 帘 8획		
lián 커튼			

灯
dēng
등

｀ ｀ ｣ 火 火 灯　6획

灯火　등화, 등불
dēng huǒ

灯具　조명기기
dēng jù

镜
jìng
거울

｀ ｀ ｣ 钅 钅 钇 铲 铲 铲 铲 铲 铛 铛 镜 镜 镜　16획

镜子　거울
jìng zi

眼镜　안경
yǎn jìng

箱
xiāng
상자

｀ ｀ ｣ 竹 竹 竹 竹 竿 竿 笲 箱 箱 箱 箱　15획

箱子　상자
xiāng zi

冰箱　냉장고
bīng xiāng

柜
guì
장,궤(짝)

一 十 才 木 杧 柜 柜 柜　8획

柜子　궤
guì zi

衣柜　옷장
yī guì

针线	바느질과 자수의 총칭
zhēn xiàn	
打针	주사를 놓다
dǎ zhēn	

针	ノ ト ト ゟ 钅 钅 针 7획
zhēn	
바늘	

线头	실오라기
xiàn tóu	
线索	실마리
xiàn suǒ	

线	✓ ✓ ✓ 纟 纟 纟 线 线 线 8획
xiàn	
실	

布料	천, 옷감
bù liào	
棉布	면포, 면직물
mián bù	

布	一 ナ 才 布 布 5획
bù	
천	

绳子	끈
shéng zi	
拉绳	끈을 당기다
lā shéng	

绳	✓ ✓ ✓ 纟 纟 纟 纩 纩 纲 绲 绳 11획
shéng	
끈	

包	ノ ク 勹 匀 包　5획
bāo 가방	

包子　(팥)소가 든 만두
bāo zi

包装　포장하다
bāo zhuāng

帽	丨 冂 巾 巾 帽 帽 帽 帽 帽 帽 帽 帽　12획
mào 모자	

帽子　모자
mào zi

草帽　벼 짚모자
cǎo mào

鞋	一 十 廿 廿 廿 苫 苴 革 革 革 革 鞋 鞋 鞋 鞋　15획
xié 신	

鞋带　신발끈
xié dài

皮鞋　구두
pí xié

衣	丶 亠 ナ 才 衣 衣　6획
yī 옷	

衣服　옷
yī fu

雨衣　비옷, 우의
yǔ yī

裙子   치마
qún zi

围裙   앞치마
wéi qún

裤子   바지
kù zi

裤兜儿   바지주머니
kù dōur

袜子   양말
wà zi

袜套   덧양말, 덧버선
wà tào

衬衫   와이셔츠
chèn shān

布衫儿   면셔츠
bù shānr

裙	丶 ㇇ 衤 衤 衤 衤 衤 衤 㽞 㽞 裙 裙　12획		
qún			
치마			

裤	丶 ㇇ 衤 衤 衤 衤 衤 衤 褚 褚 裤　12획		
kù			
바지			

袜	丶 ㇇ 衤 衤 衤 衤 衤 衬 袜 袜　10획		
wà			
양말			

衫	丶 ㇇ 衤 衤 衤 衤 衫 衫　8획		
shān			
적삼			

棉

一 十 才 木 木 木' 栌 栌 柏 柏 柏 棉　12획

mián

목면의 통칭

纱

ㄥ ㄥ ㄥ 幺 幺 纱 纱　7획

shā

면화, 삼등 방적용 가는 실

丝

ㄥ ㄥ ㄥ 丝 丝　5획

sī

생사, 견사

绸

ㄥ ㄥ ㄥ 纟 纟 纟 纟 绵 绸 绸 绸　11획

chóu

비단

金色 금색 jīn sè 黄金 황금 huáng jīn	

金 jīn 금
ノ 人 스 仐 仐 全 余 金 金 　8획

钢铁 강철 gāng tiě 钢笔 펜 gāng bǐ	

钢 gāng 강철
ノ 𠂉 𠂉 钅 钅 钉 钉 钢 钢 　9획

铜矿 동광 tóng kuàng 青铜 청동 qīng tóng	

铜 tóng 동
ノ 𠂉 𠂉 钅 钅 钉 钉 钉 铜 铜 铜 　11획

铁锅 철가마, 솥 tiě guō 铁匠 철공 tiě jiàng	

铁 tiě 철
ノ 𠂉 𠂉 钅 钅 钊 钎 钎 铗 铁 　10획

尺	ˈ ⴺ 尸 尺　4획				
chǐ					
자					

尺子　　자
chǐ zi

钢尺　　강철 자
gāng chǐ

寸	一 十 寸　3획				
cùn					
촌, 치					

一寸　　일촌
yí cùn

尺寸　　사이즈
chǐ cùn

斤	ˊ ⴹ ⴺ 斤　4획				
jīn					
근					

公斤　　킬로그램
gōng jīn

一斤　　한근
yì jīn

两	一 ⴹ ⴹ 丙 丙 两 两　7획				
liǎng					
两(양)의 통칭					

一两　　한냥
yī liǎng

二两　　두냥
èr liǎng

元旦   원단, 설날
yuán dàn

元宵   정월대보름 밤
yuán xiāo

元	一 二 亍 元 4획					
yuán 원						

角色   배역
jué sè

二角   20전
èr jiǎo

角	⺈ ⺈ ⺈ ⺈ 角 角 角 7획					
jiǎo 각						

块把钱   1원 가량의 돈
kuài ba qián

块冻   덩이로 냉동
하는 것
kuài dòng

块	一 十 土 圹 圹 块 块 7획					
kuài 원						

钱财   재물
qián cái

金钱   금전, 돈
jīn qián

钱	⺈ 钅 钅 钅 钅 钅 钱 钱 钱 10획					
qián 돈						

明	丨 冂 冃 日 町 明 明 明　8획
míng 밝다	

明亮　환하다
míng liàng

明白　분명하다,
명확하다
míng bái

暗	丨 冂 冃 日 日ˋ 旷 旷 旷 晫 晫 暗 暗 暗　13획
àn 어둡다	

暗淡　(빛, 색등이)
어둡다
àn dàn

黑暗　어둡다
hēi àn

淡	ˋ ˋ 氵 氵 氵 汋 汐 淡 淡 涉 淡　11획
dàn (맛이)싱겁다	

淡水　담수
dàn shuǐ

清淡　담백하다
qīng dàn

浓	ˋ ˋ 氵 氵 氵 汋 浓 浓 浓　9획
nóng 진하다	

浓度　농도
nóng dù

浓厚　두텁다
nóng hòu

黑色 　　검은색
hēi sè

黑人 　　흑인
hēi rén

白色 　　흰색
bái sè

白人 　　백인
bái rén

红色 　　붉은색
hóng sè

红参 　　홍삼
hóng shēn

蓝色 　　하늘색
lán sè

蓝天 　　푸른 하늘
lán tiān

黑
hēi
검다

丨 冂 冂 冂 罒 罒 里 里 里 黑 黑 黑　12획

白
bái
희다

´ ʔ 白 白 白　5획

红
hóng
빨갛다

´ ⼛ ⼛ 红 红 红　6획

蓝
lán
남색(의)

一 ㄗ 芹 芷 芷 萨 萨 萨 萨 菥 菥 蓝 蓝　13획

绿
lǜ
초록색

ㄥㄥㄥ纟纩纩纩纬绿绿绿 11획

绿色 녹색
lǜ sè

绿化 녹화
lǜ huà

粉
fěn
분홍색

丶丷丷半米米籿籿粉粉 10획

粉色 분홍색
fěn sè

粉红 핑크
fěn hóng

紫
zǐ
자색

丨丨丨丨丨丨紫紫紫紫紫紫 12획

紫色 자주색
zǐ sè

紫菜 김
zǐ cài

青
qīng
푸르다

一二丰青青青青青 8획

青色 푸른색
qīng sè

青菜 야채
qīng cài

轻松 　　가볍다
qīng sōng

轻闲 　　한가하다, 한가롭다
qīng xián

轻	一 七 车 车 轻 轻 轻 轻 轻　　9획
qīng 가볍다	

重要 　　중요하다
zhòng yào

重量 　　중량, 무게
zhòng liàng

重	一 二 亠 仟 仟 亩 重 重 重　　9획
zhòng 무겁다	

宽度 　　너비
kuān dù

宽大 　　넓고 크다
kuān dà

宽	丶 丷 宀 宀 宀 宀 宀 宵 宵 宽　　10획
kuān 넓다	

窄路 　　좁은 길
zhǎi lù

狭窄 　　좁다
xiá zhǎi

窄	丶 丷 宀 宀 宀 宀 窄 窄 窄 窄　　10획
zhǎi 좁다	

胖

ノ 几 几 月 月 肖 胖 胖 胖　9획

pàng
뚱뚱하다

胖子　뚱뚱보, 뚱뚱이
pàng zi

肥胖　뚱뚱하다
féi pàng

瘦

丶 亠 广 广 广 疒 疒 疒 疒 疖 疒 疒 痄 瘦　14획

shòu
마르다

瘦子　마른 사람
shòu zi

瘦弱　마르고 허약하다
shòu luò

美

丶 丷 丷 羊 羊 美 美 美 美　9획

měi
아름답다

美丽　아름답다
měi lì

美好　행복하다 / 아름답다
měi hǎo

丑

フ 刀 丑 丑　4획

chǒu
못생기다

丑陋　추악하다
chǒu lòu

小丑　어릿광대
xiǎo chǒu

강大 강대하다
qiáng dà

强国 강대국
qiáng guó

强

ㄱ ㄱ ㅁ ㄱ ㄱㅣ ㄱㅋ ㄱㅋ ㄱㅋ 弹 强 强 12획

qiáng
강하다

弱势 약세
ruò shì

虚弱 허약하다
xū ruò

弱

ㄱ ㄱ ㄱ 弓 弓 弓 弓 弱 弱 弱 10획

ruò
약하다

曲线 곡선
qū xiàn

弯曲 구불구불하다
wān qū

曲

丨 冂 日 由 曲 曲 6획

qǔ
굽다

直接 직접
zhí jiē

正直 정직하다
zhèng zhí

直

一 十 广 古 盲 直 直 直 8획

zhí
곧다

正

zhèng

앞면(의)

一 丅 下 正 正 5획

단어

正确 정확하다
zhèng què

正常 정상
zhèng cháng

反

fǎn

뒷면(의)

一 厂 万 反 4획

反向 반대 방향
fǎn xiàng

相反 서로 반대되다
xiāng fǎn

方

fāng

네모지다

丶 亠 亍 方 4획

方向 방향
fāng xiàng

方位 방위
fāng wèi

圆

yuán

둥글다

丨 冂 冂 冃 冃 冃 冐 圆 圆 圆 10획

圆形 원형
yuán xíng

团圆 모여 앉다
tuán yuán

酸菜　　신 김치
suān cài

辛酸　　매운맛과 신맛
xīn suān

甜味　　단맛
tián wèi

香甜　　달콤하다
xiāng tián

苦味　　쓴맛
kǔ wèi

苦难　　고생스럽다
kǔ nàn

辣椒　　고추
là jiāo

辣味　　매운맛
là wèi

酸	一 丆 丙 襾 酉 酉 酉 酌 酼 酼 酼 酸 酸　14획
suān 시다	

甜	一 二 千 千 舌 舌 舌 甜 甜 甜 甜　11획
tián 달다	

苦	一 艹 艹 艹 苧 苦 苦　8획
kǔ 쓰다	

辣	丶 亠 立 立 产 辛 辛 辣 辣 辣 辣 辣 辣　14획
là 맵다	

喜	一 十 吉 吉 吉 吉 吉 吉 喜 喜 喜 喜 12획
xǐ 기쁘다	

怒	㇄ 女 女 如 奴 奴 怒 怒 怒 9획
nù 격노하다	

哀	一 亠 产 产 卉 亨 亨 亨 哀 9획
āi 슬프다	

乐	一 二 乒 乐 乐 5획
lè 즐겁다	

喜欢　좋아하다
xǐ huān

喜事　기쁜 일
xǐ shì

怒吼　울부짖다
nù hǒu

愤怒　분노하다
fèn nù

哀叹　슬프게 탄식하다
āi tàn

悲哀　슬프다 상심하다
bēi 'āi

乐观　낙관(하다)
lè guān

乐趣　취미
lè qù

粗鲁 거칠다
cū lǔ

粗活 막일
cū huó

粗	` ` ` ` ˇ ˇ ¥ ¥ 米 料 粒 粗 粗 粗　11획		
cū			
굵다			

细致 가느다랗다
xì zhì

精细 세밀하다
jīng xì

细	ˊ ˊ ˊ ˇ ˇ 纟 纪 细 细　8획		
xì			
가늘다			

深度 심도
shēn dù

深情 깊은 정
shēn qíng

深	` ` ˇ ˇ ˇ ˇ ˇ ˇ 深 深 深　11획		
shēn			
깊다			

浅色 파스텔톤
qiǎn sè

深浅 심도, 깊이
shēn qiǎn

浅	` ` ˇ ˇ ˇ 浅 浅 浅　8획		
qiǎn			
얕다			

| 冷 | ` ゙ ゙ ゙ ゙ 冷 冷 冷　7획 |
| lěng
춥다 | |

冷风　찬바람
lěng fēng

冷冻　냉동
lěng dòng

| 暖 | ⎜ ⎜ 日 日 日 旷 旷 旷 旷 昭 昭 晖 暖　13획 |
| nuǎn
따뜻하다 | |

暖流　난류
nuǎn liú

温暖　따뜻하다
wēn nuǎn

| 凉 | ` ゙ 冫 广 广 沪 沪 泸 凉 凉　10획 |
| liáng
차갑다 | |

凉风　서늘한 바람
liáng fēng

冰凉　차갑다
bīng liáng

| 热 | 一 十 扌 扪 执 执 扰 热 热 热　10획 |
| rè
덥다 | |

热带　열대
rè dài

热情　열정
rè qíng

好人   좋은 사람
hǎo rén

好处   좋은 점
hǎo chù

好	ㄥ 女 女 女 好 好 6획		
hǎo			
좋다			

坏事   나쁜 일
huài shì

坏人   나쁜 사람
huài rén

坏	一 十 土 圢 圷 坏 坏 7획		
huài			
나쁘다			

优越   우월하다
yōu yuè

优秀   우수하다
yōu xiù

优	ノ イ 仁 仆 优 优 6획		
yōu			
우수하다			

差劲   형편없다
chàjìn

差生   오차
chàshēng

差	﹀ ⺌ 兰 兰 兰 羊 美 差 差 9획		
chà			
나쁘다			

师
ノ丿丬丨丨師 6획

shī
스승

师傅　사부
shī fu
老师　선생님
lǎo shī

生
ノ亅亠生生 5획

shēng
학생

生日　생일
shēng rì
生活　생활하다
shēng huó

教
一十土耂耂孝孝孝教教 11획

jiāo
가르치다

教师　선생님
jiào shī
教导　가르치다
jiào dǎo

学
丶丷丷丷学学学 8획

xué
배우다

学习　학습하다
xué xí
学生　학생
xué sheng

中国　중국
zhōng guó

中文　중문
zhōng□wén

中
zhōng
ーーーーー
중국

`丨 冂 口 中`　4획

日本　일본
rì běn

日语　일본어
rì yǔ

日
rì
ーーーーー
일본

`丨 冂 冂 日`　4획

韩国　한국
hán guó

韩语　한국어
hán yǔ

韩
hán
ーーーーー
한국

`一 十 ナ ナ 古 古 古 直 車 車 車 韩 韩`　12획

朝鲜　조선
cháo xiǎn

朝代　조대
cháo dài

朝
cháo
ーーーーー
조선

`一 十 ナ ナ 古 古 古 直 車 卓 朝 朝 朝 朝`　12획

买

一 フ フ 쥬 꾸 买 买　6획

mǎi

사다

买房　집을 사다
mǎi fáng

购买　구매하다
gòu mǎi

卖

一 十 亠 士 声 吉 吉 卖 卖　8획

mài

팔다

卖出　팔아치우다
mài chū

买卖　장사하다
mǎi mài

赚

丨 冂 贝 贝 贝 贝' 贝' 贝" 贮 贮 贮 赚 赚 赚　14획

zhuàn

벌다

赚钱　돈을 벌다
zhuàn qián

赚取　돈을 벌다
zhuàn qǔ

赔

丨 冂 贝 贝 贝 贝' 贝' 贝' 贮 赔 赔 赔　12획

péi

밑지다

赔本　손해보다
péi běn

赔礼　사죄드리다
péi lǐ

飞机   비행기
fēi jī

飞行   비행하다
fēi xíng

飞   飞 飞 飞   3획

fēi
날다

机会   기회
jī huì

危机   위기
wēi jī

机   一 十 才 木 札 机   6획

jī
기계

车辆   차량
chē liàng

车费   차비
chē fèi

车   一 左 玍 车   4획

chē
차

船只   배
chuán zhī

坐船   배를 타다
zuò chuán

船   丿 丿 刀 刀 月 舟 舟 舟 舟 船 船 船   11획

chuán
배

升
shēng
올라가다

一 二 千 升　4획

升级　승진하다
shēng jí

上升　올라가다
shàng shēng

降
jiàng
내려가다

了 阝 阝 阝 阾 隆 隆 降　8획

降级　유급
jiàng jí

降落　하강하다
jiàng luò

停
tíng
멈추다

丿 亻 亻 宀 宀 停 停 停 停 停 停　11획

停止　정지하다
tíng zhǐ

暂停　일시 정지하다
zàn tíng

开
kāi
운전하다

一 二 于 开　4획

开店　점포를 열다
kāi diàn

开动　움직이다
kāi dòng

安稳　안정되어 있다
ān wěn

安定　안정적이다
ān dìng

全面　전면
quán miàn

安全　안전하다
ān quán

危急　위급하다
wēi jí

危难　위험에 처하다
wēi nàn

险情　위험한 상황
xiǎn qíng

危险　위험하다
wēi xiǎn

安
ān
안정되다

丶丶宀宀安安　6획

全
quán
완전하다

丿人人人全全　6획

危
wēi
위험하다

丿ㄅㄅ产危危　6획

险
xiǎn
험하다

阝阝阝阶阶险险险险　9획

楼

一 十 才 木 术 栏 栏 栏 栏 株 楼 楼 楼　13획

lóu

빌딩

楼房　층집
lóu fáng

大楼　빌딩
dà lóu

塔

一 十 土 圹 圹 圹 圹 坎 焓 塔 塔 塔　12획

tǎ

탑

塔顶　탑꼭대기
tǎ dǐng

水塔　급물탑
shuǐ tǎ

路

丨 口 口 口 口 呈 呈 呈 趵 趵 路 路 路　13획

lù

길

路标　도로표지
lù biāo

铁路　철도
tiě lù

桥

一 十 才 木 术 栌 栌 栎 桥 桥　10획

qiáo

다리, 교량

桥梁　교량
qiáo liáng

立交桥　입체교
lì jiāo qiáo

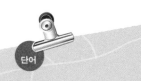
世界　　　세계
shì jiè

来世　　　내세
lái shì

世

一 十 廿 廿 世　5획

shì
세계

界线　　　경계선
jiè xiàn

国界　　　국경
guó jiè

界

丨 冂 冂 田 田 界 界 界 界　9획

jiè
지경, 경계

国家　　　국가
guó jiā

国际　　　국제
guó jì

国

丨 冂 冂 冃 闰 囯 国 国　8획

guó
나라

家乡　　　고향
jiā xiāng

家人　　　집안 사람
jiā rén

家

丶 亠 宀 宀 宀 宁 字 豸 家 家　10획

jiā
집

亲	`丶 亠 亣 立 产 辛 辛 亲 亲` 9획					
qīn						
친족						

亲人 직계친속
qīn rén

亲爱 사랑하다
qīn ài

戚	`一 厂 厂 厈 F 戶 戶 床 床 戚 戚` 11획					
qī						
친척						

亲戚 친척
qīn qī

外戚 외척
wài qī

朋	`丿 几 月 月 刖 刖 朋 朋` 8획					
péng						
벗, 친구						

朋友 친구
péng you

宾朋 손님과 친구
bīn péng

友	`一 ナ 方 友` 4획					
yǒu						
친구, 벗						

友情 우정, 우의
yǒu qíng

友谊 우의
yǒu yì

篮球 농구
lán qiú

竹篮 대나무 바구니
zhú lán

篮	ノ ノ ゲ ゲ 竺 竺 竺 竺 筲 笆 笆 篁 篁 篮 篮 篮　16획
lán 바구니	

排球 배구
pái qiú

排长 소대장
pái zhǎng

排	一 寸 扌 扌 扌 邘 邗 挏 排 排 排　11획
pái 배열하다	

棒球 야구
bàng qiú

棍棒 곤봉
gùn bàng

棒	一 十 才 木 杧 枦 柞 柞 棒 棒 棒 棒　12획
bàng 방망이	

乒乓 뻥뻥
pīng pāng

乒乓球 탁구
pīng pāng qiú

乒	一 厂 厂 斤 乒 乒　6획
pīng 탕, 땅, 땡	

단어

信	ノ 亻 亻 仁 仁 信 信 信 信　9획

xìn
편지

封	一 十 土 圭 圭 圭 封 封 封　9획

fēng
봉투

邮	丨 冂 日 由 由 邮 邮　7획

yóu
우편으로 부치다

票	一 一 一 一 一 覀 覀 覀 票 票 票　11획

piào
표

信息　정보
xìn xī
书信　편지
shū xìn

封闭　밀봉하다
fēng bì
信封　편지봉투
xìn fēng

邮件　우편
yóu jiàn
邮递　우체국 배달
yóu dì

票价　가격
piào jià
支票　수표
zhī piào

99

音乐　　　음악
yīn yuè

音调　　　음조
yīn diào

音

yīn
음, 소리

丶亠立产产产音音音　9획

节日　　　명절
jié rì

节奏　　　리듬, 절주
jié zòu

节

jié
(식물의)마디

一十卅节节　5획

德育　　　도덕교육
dé yù

品德　　　인품과 덕성
pǐn dé

德

dé
도덕

丿彳彳彳彳徔徔德德德德德德　15획

育人　　　인재를 기르다
yù rén

体育　　　체육
tǐ yù

育

yù
기르다

丶亠云产产育育育　8획

城

一 十 士 圹 圹 圻 城 城 城　9획

chéng

성(벽)

城区　시내구역
chéng qū

娱乐城　놀이타운
yú lè chéng

市

丶 亠 宀 市 市　5획

shì

도시

市长　시장
shì zhǎng

城市　시내
chéng shì

村

一 十 才 木 村 村 村　7획

cūn

마을

村长　마을 이장
cūn zhǎng

乡村　농촌
xiāng cūn

道

丶 丷 兰 芦 芦 首 首 首 道 道 道　12획

dào

길, 도로

道路　길
dào lù

道德　도덕
dào dé

工人 　노동자
gōng rén

工作 　일하다
gōng zuò

工	一 丁 工　3획		
gōng			
노동자			

农村 　농촌
nóng cūn

农民 　농부
cūn mín

农	㇐ ㇈ ㄅ ㄣ 农 农　6획		
nóng			
농민			

兵器 　무기
bīng qì

当兵 　군인이 되다
dāng bīng

兵	㇒ ㇠ ㇓ ㇒ 丘 兵 兵　7획		
bīng			
병사			

医生 　의사
yī shēng

医院 　병원
yī yuàn

医	一 ㄷ ㅌ ㅌ 矢 矢 医　7획		
yī			
의사			

一 匕 比 比　4획

bǐ

비교하다

宀 宁 宁 宫 宫 審 審 寒 寒 寒 赛 赛　14획

sài

겨루다

一 土 车 车 车 轮 轮 轮 轮 输 输 输 输　13획

shū

지다, 패하다

丶 亠 亡 亡 亩 亩 亩 亩 亩 赢 赢 赢 赢 赢 赢 赢 赢　17획

yíng

이기다

比较　비교하다
bǐ jiào
比重　비중
bǐ zhòng

赛场　경기장
sài chǎng
赛跑　경주
sài pǎo

输出　수출하다
shū chū
运输　운송하다
yùn shū

赢得　얻다
yíng dé
赢家　이긴 쪽
yíng jiā

爱情　　　사랑
ài qíng

可爱　　　사랑스럽다
kě ài

情况　　　상황
qíng kuàng

情景　　　정경
qíng jǐng

仇恨　　　원한
chóu hèn

仇人　　　원수
chóu rén

恨人　　　밉살맞다
hèn rén

怨恨　　　원한
yuàn hèn

爱

一 ｒ ⺕ ⺕ ⺕ ⺕ ⺕ 严 爱 爱　10획

ài
사랑

情

丶丶忄忄忄忄忄忄情情情　11획

qíng
정

仇

丿亻仈仇　4획

chóu
원한

恨

丶丶忄忄忄忄忄恨恨恨　9획

hèn
증오

昨

zuó

어제

丨 刂 刂 刂 刂 昨 昨 昨 昨 9획

今

jīn

오늘

丿 八 仒 今 4획

前

qián

앞

丷 丷 芏 芏 前 前 前 前 9획

后

hòu

뒤

一 厂 厂 斤 后 后 6획

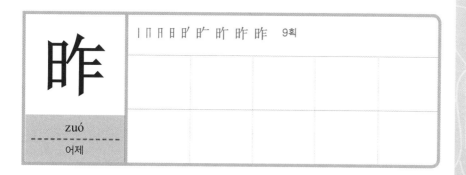

단어

昨天　어제
zuó tiān

昨晚　어제 저녁
zuó wǎn

今天　오늘
jīn tiān

今后　금후
jīn hòu

前天　그저께
qián tiān

前台　무대
qián tái

后天　모레
hòu tiān

后来　이후
hòu lái

不行 　　안된다
bù xíng

不对 　　틀렸다
bú duì

不	一 フ ィ 不　4획				
bù					
아니다					

是否 　～인지 아닌지
shì fǒu

不是 　　아니다
bú shì

是	丨 冂 冂 曰 早 旦 旱 是　9획				
shì					
그렇다					

没有 　　없다
méi yǒu

没事 　　괜찮다
méi shì

没	丶 丶 氵 氵 沪 沙 没　7획				
méi					
없다					

有用 　유용하다
yǒu yòng

拥有 　가지고 있다
yōng yǒu

有	一 ナ 广 冇 有 有　6획				
yǒu					
있다					

举

` ` `` `` ``` ``` ``` ``` 举 9획

jǔ

들다

举动　거동, 행위
jǔ dòng

举重　역도
jǔ zhòng

握

一 十 扌 扩 扩 护 护 护 护 护 握 握 12획

wò

(손으로)쥐다

握手　악수하다
wò shǒu

把握　(꽉 움켜)쥐다
bǎ wò

拿

丿 人 人 人 合 合 合 拿 拿 拿 10획

ná

(손으로)잡다, 가지다

拿下　내리다
ná xià

拿来　가져오다
ná lái

抓

一 十 扌 扩 扩 扑 抓 7획

zhuā

잡다

抓住　잡다
zhuā zhù

抓人　사람을 잡다
zhuā rén

这里	여기
zhè lǐ	
这儿	이곳
zhèr	

这 `丶 亠 亠 文 这 这 这` 7획

zhè 이것

那里	그곳, 저곳
nà lǐ	
那边	저쪽
nà biān	

那 `丁 丑 刽 邦 那 那` 6획

nà 저것

哪里	어디, 어느 곳
nǎ lǐ	
哪位	어느 분
nǎ wèi	

哪 `丨 丨 丬 叮 叮 呣 明 哪 哪` 9획

nǎ 어느 것

谁家	누구 집
shéi jiā	
谁的	누구 것
shéi de	

谁 `丶 讠 讠 讠 讠 讠 讠 讠 谁 谁` 10획

shéi 누구

亚

yà

아세아

一 丆 丌 丌 亚 亚 6획

단어

亚军 준우승
yà jūn

亚洲 아시아주
yà zhōu

非

fēi

아프리카

丨 ㅓ ㅕ ㅕ 非 非 非 非 8획

非洲 아프리카
fēi zhōu

非常 매우
fēi cháng

欧

ōu

유럽

一 ㄱ 又 区 区 区 欧 欧 8획

欧洲 유럽
ōu zhōu

西欧 서유럽
xī ’ōu

洲

zhōu

주(대륙을 나눈 명칭)

丶 丶 氵 氵 氵 沙 洲 洲 洲 9획

大洋洲 대양주
dà yáng zhōu

北极洲 북극
běi jí zhōu

休学　휴학하다
xiū xué

休养　요양하다
xiū yǎng

休	ノ 亻 仁 什 休 休　6획			
xiū 휴식하다				

休息　휴식하다
xiū xi

消息　소식
xiāo xi

息	′ 亻 白 白 自 自 自 息 息 息　10획			
xī 쉬다				

运动　운동하다
yùn dòng

运货　물건을 수송하다
yùn huò

运	一 二 云 云 云 运 运　7획			
yùn 돌다, 운동하다				

动人　감동시키다
dòng rén

动员　동원하다
dòng yuán

动	一 二 云 云 动 动　6획			
dòng 움직이다				

公
ノ 八 公 公　4획

gōng
국유의, 공유의

公式　공식
gōng shì
公开　공개하다
gōng kāi

司
フ ヲ ヲ 可 司　5획

sī
국(局), 부(部)

司令　사령
sī lìng
公司　회사
gōng sī

会
ノ 人 人 仒 会 会　6획

huì
모이다

会餐　회식하다
huì cān
开会　회의를 하다
kāi huì

社
丶 ラ ネ ネ 社 社 社　7획

shè
조직체, 단체

社员　사원
shè yuán
社长　사장
shè zhǎng

宿舍　　기숙사
sù shè

宿命　　숙명
sù mìng

舍监　　사감
shè jiān

民舍　　민사
mín shè

房间　　방
fáng jiān

房屋　　집
fáng wū

间隔　　간격
jiān gé

车间　　작업장
chē jiān

宿	``丷宀宀疒疒疒宿宿宿 11획
sù 숙박하다	

舍	ノ人ム스스舍舍舍 8획
shè 집, 가옥	

房	`一ラ户户户房房 8획
fáng 집	

间	`门门问问间间 7획
jiān 사이	

演
yǎn
연기하다

`丶 丶 氵 氵 氵 浐 浐 浐 洊 洊 演 演 演 演` 14획

演员 배우
yǎn yuán

演出 공연하다
yǎn chū

员
yuán
사람

`丨 冂 口 曰 吕 员 员` 7획

员工 종업원
yuán gōng

职员 직원
zhí yuán

观
guān
보다

`ㄱ ㄡ 邓 邓 邓 观` 6획

观摩 견학하다
guān mó

观看 관람하다
guān kàn

众
zhòng
많다

`丿 人 亻 众 众 众` 6획

众人 관중
zhòng rén

观众 많은 사람
guān zhòng

考试　　시험
kǎo shì

考学　　학문을 연구하다
kǎo xué

考

一 十 土 耂 考 考　6획

kǎo
시험

试题　　시험문제
shì tí

试验　　실험
shì yàn

试

丶 讠 讠 訮 訮 詴 试 试　8획

shì
시험하다

复习　　복습하다
fù xí

复印　　복사하다
fù yìn

复

丿 𠂉 𠂊 𠂊 复 复 复 复 复　9획

fù
반복하다

习题　　연습문제
xí tí

学习　　학습하다
xué xí

习

𠃌 𠃌 习　3획

xí
연습하다

责	一 二 丰 丰 丰 责 责 责 8획
zé	
책임	

任	ノ イ イ 仁 仁 任 任 6획
rèn	
임명하다	

义	丶 ソ 义 3획
yì	
의, 정의	

务	ノ ク 夂 冬 务 5획
wù	
임무	

责任　책임
zé rèn

职责　직책
zhí zé

任命　임명하다
rèn mìng

任务　임무
rèn wù

义务　의무
yì wù

意义　의의
yì yi

服务　서비스하다
fú wù

劳务　노무
láo wù

成功	성공
chéng gōng	
成人	성인
chéng rén	

成

一 厂 厂 成 成 成 6획

chéng
이루다

功夫	틈, 여가
gōng fu	
功劳	공로
gōng láo	

功

一 丁 工 功 功 5획

gōng
공로

失败	실패
shī bài	
失去	잃다
shī qù	

失

丿 丨 丿 失 失 5획

shī
잃다

败露	폭로되다
bài lù	
败局	파국
bài jú	

败

丨 冂 贝 贝 贝 贝 败 败 8획

bài
지다, 패하다

经

jīng

경영하다

丿 纟 纟 纟 纟 经 经 经 8획

단어

经营 경영하다
jīng yíng

经过 경과하다
jīng guò

济

jì

돕다, 구제하다

丶 丶 氵 氵 汴 汶 济 济 济 9획

济世 세상(사람)을 구제
jì shì

经济 경제
jīng jì

文

wén

문자

丶 亠 ナ 文 4획

文学 문학
wén xué

文人 문인
wén rén

化

huà

변하다

丿 亻 亻 化 4획

文化 문화
wén huà

化石 화석
huà shí

沙子　모래
shā zi

沙滩　백사장
shā tān

沙	``丶丿氵沙沙沙沙`` 7획			
shā				
모래				

发车　발차하다
fā chē

沙发　소파
shā fā

发	``一丆岁发发`` 5획			
fā				
보내다				

空调　에어컨
kōng tiáo

空气　공기
kōng qì

空	``丶丷宀宀空空空空`` 8획			
kōng				
(속이)텅 비다				

调皮　장난꾸러기
tiáo pí

调节　조절하다
tiáo jié

调	``丶讠讠讠讠调调调调调`` 10획			
tiáo				
조절하다				

礼	`ラオネ礼 5획
lǐ 예	

礼物　선물
lǐ wù

礼貌　예의
lǐ mào

让	`讠讣汁让 5획
ràng 양보하다	

让座　자리를 양보하다
ràng zuò

让路　길을 양보하다
ràng lù

请	`讠讠讠订请请请请请 10획
qǐng 요청하다	

请进　들어오세요
qǐng jìn

请坐　앉으세요
qǐng zuò

谢	`讠讠讠讱讱讱谢谢谢谢谢 12획
xiè 감사하다	

谢谢　감사합니다
xiè xie

感谢　고맙습니다
gǎn xiè

网络　　　망
wǎng luò

鱼网　　　고기 그물
yú wǎng

网吧　　　인터넷 카페
wǎng ba

酒吧　　　술집
jiǔ ba

花园　　　공원
huā yuán

花费　　　비용, 경비
huā fèi

园子　　　꽃밭, 채소밭
yuán zǐ

园林　　　원림
yuán lín

网	丨冂冂冈网网　6획
wǎng 그물	

吧	丨口口口吧吧吧　7획
ba 어기조사	

花	一十卄艹艹花花　7획
huā 꽃	

园	丨冂冂月月园园　7획
yuán 밭	

交
`丶 亠 亠 六 夳 交` 6획

jiāo
사귀다

通
`ㄱ 予 予 用 用 甬 甬 通 通 通` 10획

tōng
통하다

环
`一 二 ŧ ŧ ŧ ŧ 环 环 环` 8획

huán
고리

境
`一 十 圠 圠 圠 圹 圹 圹 圹 培 培 境 境 境` 14획

jìng
경계

交通　교통
jiāo tōng
交往　왕래
jiāo wǎng

通勤　집으로 다니다
tōng qín
通过　통과하다
tōng guò

环节　세부 절차
huán jié
环绕　에워싸다
huán rào

境地　경지
jìng dì
环境　환경
huán jìng

枪炮　총과 포
qiāng pào

步枪　보총
bù qiāng

炮火　포화
pào huǒ

炮弹　포탄
pào dàn

坦率　솔직하다
tǎn shuài

平坦　평탄하다
píng tǎn

克服　극복하다
kè fú

坦克　탱크
tǎn kè

枪
qiāng
총

一 十 才 木 术 杪 枪 枪　8획

炮
pào
포

丶 丶 丬 火 灯 灯 灼 炮 炮　9획

坦
tǎn
평탄하다

一 十 土 圤 坦 坦 坦 坦　8획

克
kè
극복하다

一 十 古 古 古 声 克　7획

总

`丶丷丷台台总总总` 9획

zǒng

총괄하다

总体   전체
zǒng tǐ

总理   총리
zǒng lǐ

统

`纟纟纟纟纩纩纺纺统` 9획

tǒng

계통

统一   통일하다
tǒng yī

总统   대통령
zǒng tǒng

主

`丶亠宁主主` 5획

zhǔ

주인

主任   주임
zhǔ rèn

主人   주인
zhǔ rén

席

`丶亠广广庐庐庐席席` 10획

xí

자리

席卷   휩쓸다
xí juǎn

入席   자리에 앉다
rù xí

欢庆　　기뻐하다
huān qìng

欢送　　배웅하다
huān sòng

迎接　　영접하다
yíng jiē

欢迎　　환영하다
huān yíng

客人　　손님
kè rén

客气　　격식차리다
kè qì

气氛　　분위기
qì fēn

生气　　생기
shēng qì

欢	フ ス ヌ 欢 欢 欢　6획			
huān 즐겁다				

迎 yíng 영접하다

ノ 亡 口 巾 巾 迎 迎　7획

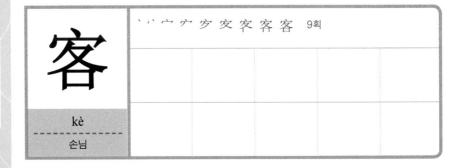

客 kè 손님

丶 宀 宀 宀 灾 灾 客 客 客　9획

气	ノ ト 气 气　4획			
qì 기체				

点
丨 丨 丨 占 占 卢 点 点 点　9획
diǎn
시

一点　한시
yì diǎn
正点　정시
zhèng diǎn

分
丿 八 分 分　4획
fēn
분

分钟　분
fēn zhōng
十分　매우
shí fēn

刻
丶 亠 亥 歹 亥 亥 刻 刻　8획
kè
각

时刻　시각
shí kè
立刻　바로
lì kè

秒
丿 二 千 禾 禾 利 利 秒 秒　9획
miǎo
초

秒钟　초
miǎo zhōng
秒表　초시계
miǎo biǎo

快速　속도가 빠른
kuài shù

快信　속달 우편
kuài xìn

活动　활동
huó dòng

快活　쾌활하다
kuài huó

幸运　행운
xìng yùn

荣幸　영광스럽다
róng xìng

福气　복
fú qì

幸福　행복하다
xìng fú

快
kuài
빨리

丶丷忄忄快快　7획

活
huó
살다

丶丷氵氵汗汗活活　9획

幸
xìng
행복, 행운

一十土キ去去去幸　8획

福
fú
복, 행복

丶丷礻礻礻礻礻礻福福福　13획

挺
tǐng
매우

一 十 扌 扌 扌 托 托 挺 挺 9획

挺好　　매우 좋다
tǐng hǎo

挺大　　매우 크다
tǐng dà

很
hěn
매우

丿 彳 彳 彳 彳 彳 很 很 很 9획

很好　　매우 좋다
hěn hǎo

很近　　매우 가깝다
hěn jìn

太
tài
지나치게

一 ナ 大 太 4획

太好　　너무 좋다
tài hǎo

太远　　너무 멀다
tài yuǎn

最
zuì
가장

丨 冂 冃 昌 昌 昌 冔 冔 昌 昌 最 最 12획

最好　　제일 좋다
zuì hǎo

最近　　최근
zuì jìn

단어

聪明 총명하다
cōng míng

聪颖 총명하고 영리하다
cōng yǐng

聪

cōng
총명하다

一 丅 丌 丌 耳 耳 耳 耳' 耳'' 耳'' 聁 聁 聪 聪 聪 15획

敏感 민감하다
mǐn gǎn

敏捷 민첩하다
mǐn jié

敏

mǐn
민첩하다

丿 𠂉 仁 与 与 每 每 每 每 敏 敏 11획

愚弄 우롱하다
yú nòng

愚人节 만우절
yú rén jié

愚

yú
어리석다

丨 冂 日 日 月 月 禺 禺 禺 禺 愚 愚 愚 13획

蠢货 미련하다
chǔn huò

愚蠢 어리석다
yú chǔn

蠢

chǔn
우둔하다

一 二 三 声 夫 夫 春 春 春 春 春 春 春 春 蠢 蠢 蠢 蠢 蠢 蠢 蠢 21획

嗓

sǎng

목(구멍)

丨丨丨口口口四四四四四四四四嗓嗓 13획

嗓子   목소리

sǎng zi

嗓音   소음

sǎng yīn

喉

hóu

인후

丨丨丨口口口口口口口喉喉喉喉 12획

喉咙   목구멍

hóu lóng

音喉   음색

yīn hóu

脏

zāng

내장

丿 刀 月 月 月 扩 扩 扩 脏 脏 10획

脏器   장기

zàng qì

心脏   심장

xīn zàng

血

xiě

피

丿 丿 竹 血 血 血 6획

血色   혈색, 핏기

xuè sè

流血   피를 흘리다

liú xiě

贸易　　무역
mào yì

世贸　　세계무역
shì mào

贸
ㅡ ㅡ ㅜ ㅜㅜ ㅠㅠ ㅠㅠ 贸 贸　9획

mào
––––––––––
무역

易懂　　알기 쉽다
yì dǒng

容易　　용이하다
róng yì

易
丨 冂 冂 日 日 号 易 易　8획

yì
––––––––––
쉽다

管理　　관리하다
guǎn lǐ

管家　　관리인
guǎn jiā

管
丿 ⺮ ⺮ ⺮⺮ ⺮⺮ ⺮⺮ 管 管 管 管 管　14획

guǎn
––––––––––
관리하다

理解　　이해하다
lǐ jiě

道理　　도리
dào lǐ

理
一 二 千 王 珇 珇 珇 珇 理 理 理　11획

lǐ
––––––––––
도리

130

단어

存

一 ナ 才 存 存 存 6획

cún

저축하다

存款　저금한 돈
cún kuǎn

存钱　돈을 저금하다
cún qián

取

一 Т Т Т 耳 耳 取 取 8획

qǔ

찾다

取款　돈을 찾다
qǔ kuǎn

取闹　떠들어대다
qǔ nào

贷

丿 亻 亻 代 代 代 伐 贷 贷 9획

dài

물건

贷款　대출하다
dài kuǎn

信贷　신용대출
xìn dài

款

一 十 土 士 吉 孝 丰 素 款 款 款 款 12획

kuǎn

돈

款式　디자인
kuǎn shì

收款　수금하다
shōu kuǎn

寒假	겨울 방학
hán jià	
寒冷	춥다
hán lěng	

寒 `丶丶宀宀宁宝宔宔実寒寒` 12획

hán

춥다

暑期	여름 방학
shǔ qī	
大暑	대서
dà shǔ	

暑 `丨冂冃昌昌早昰昰暑暑暑` 12획

shǔ

덥다

假期	휴가 기간
jià qī	
放假	방학하다
fàng jià	

假 `丿亻亻亻亻假假假假假假` 11획

jià

휴가

期限	기한
qī xiàn	
学期	학기
xué qī	

期 `一十十甘甘其其期期期期` 12획

qī

시기

名

丿 ク タ タ 名 名　6획

míng

이름

名人　저명인사
míng rén

名家　명가
míng jiā

胜

丿 丿 月 月 肝 肝 胖 胖 胜　9획

shèng

이기다

胜利　승리
shèng lì

名胜　명승지
míng shèng

古

一 十 十 古 古　5획

gǔ

옛날

古老　오래되다
gǔ lǎo

古人　고인
gǔ rén

迹

丶 亠 方 方 亦 亦 亦 迹 迹　9획

jì

자취

迹象　흔적, 형적
jì xiàng

事迹　사적
shì jì

단어

133

단어

银行 은행
yín háng

银色 은색
yín sè

行业 업종
háng yè

行情 시세
háng qíng

汇报 보고하다
huì bào

外汇 외화
wài huì

汇率 환율
huì lǜ

效率 효율
xiào lǜ

银	ノ ヶ ヶ ե ਦ 钅 钅 钅 钼 钼 银 银　11획
yín / 은	

行	ノ ケ 彳 彳 行 行　6획
háng / 줄	

汇	丶 丶 丫 汇 汇　5획
huì / 송금하다	

率	丶 亠 玄 玄 玄 玄 率 率 率 率 率　11획
lǜ / 율, 비율	

이종순(李鍾順)

중국에서 태어나 北京 中央民族大学 조선어문학사를 졸업
하고 목단강 시위당교 조교수로 10년간 재직생활을 하다가
1994년 한국정부초청으로 한국에 와서 고려대학교 대학원
국어국문학 석사학위와 서울대학교 대학원 국어교육학 박
사학위를 받았다. 유학기간 서울대, 이화여대, 경기대, 서울
디지털대에서 강사를 역임했으며 현재 한국관광대학 관광
중국어과 부교수로 재직중이다. 『중국 조선족 문학과 문학
교육 연구』, 『중국의 언어와 문화』, 『관광중국어』 등 10여
권의 저서와 『너는 꿈을 어떻게 이룰래?』 등 10여 권의 번역
서가 있다.